MANUAL DE APLICAÇÃO DE TÉCNICAS DO MÉTODO *OCCUPATIONAL GOAL INTERVENTION (OGI)* NO CONTEXTO DA REABILITAÇÃO NEUROPSICOLÓGICA

Coleção
Como eu faço a Reabilitação Neuropsicológica

MANUAL DE APLICAÇÃO DE TÉCNICAS DO MÉTODO *OCCUPATIONAL GOAL INTERVENTION* (OGI) NO CONTEXTO DA REABILITAÇÃO NEUROPSICOLÓGICA

Adriana Dias Barbosa Vizzotto

Manual de Aplicação de Técnicas do Método *Occupational Goal Intervention (OGI)* no Contexto da Reabilitação Neuropsicológica

Copyright © 2021 Artesã Editora

É proibida a reprodução total ou parcial desta publicação, para qualquer finalidade, sem autorização por escrito dos editores.

Todos os direitos desta edição são reservados à Artesã Editora.

DIRETOR
Alcebino Santana

COORDENAÇÃO EDITORIAL
Karol Oliveira

DIREÇÃO DE ARTE
Tiago Rabello

REVISÃO
Natália Castro

CAPA
Karol Oliveira

PROJETO GRÁFICO E DIAGRAMAÇÃO
Conrado Esteves

V864   Vizzotto, Adriana Dias Barbosa.
        Manual de aplicação de técnicas do método Occupational Goal Intervention (OGI) no contexto da reabilitacão neuropsicológica / Adriana Dias Barbosa Vizzotto. – Belo Horizonte : Artesã, 2021.
        72 p. ; 21 cm. – (Como eu faço a reabilitação neuropsicológica)
        ISBN: 978-65-86140-71-2

1. Neuropsicologia cognitiva. 2. Reabilitação neuropsicológica. 3. Funções executivas (Neuropsicologia). 4. Terapia ocupacional. I. Título.

CDU 612.8

Catalogação: Aline M. Sima CRB-6/2645

IMPRESSO NO BRASIL
Printed in Brazil

📞 (31)2511-2040   💬 (31)99403-2227
🌐 www.artesaeditora.com.br
📍 Rua Rio Pomba 455, Carlos Prates - Cep: 30720-290 | Belo Horizonte - MG
📷 f /artesaeditora

AGRADECIMENTOS

Dedico este manual ao meu marido Spartaco, ao filho Mateus, à minha mãe Sylvia e ao meu pai Jose Wenceslau (in memoriam) que acompanharam de perto todo o meu percurso profissional.

Agradeço ao Prof. Dr. Hélio Elkis pelo incentivo à pesquisa, a Profa. Dra. Noomi Katz por permitir o uso do método OGI no Brasil, a equipe do Programa de Esquizofrenia (PROJESQ) e o Serviço de Terapia Ocupacional do Instituto de Psiquiatria do HCFMUSP.

Aos meus pacientes que sempre me motivaram a buscar novas propostas de intervenção na Terapia Ocupacional. À Patrícia Buchain pelas discussões teóricas-cientificas e por fim, à Fabricia Quintão Loschiavo Alvares pela confiança e parceria, e a minha admiração pela sua dedicação à Terapia Ocupacional.

Adriana Dias Barbosa Vizzotto

SUMÁRIO

LISTA DOS MANUAIS DA COLETÂNEA
"COMO EU FAÇO A REABILITAÇÃO NEUROPSICOLÓGICA" 9

PRÓLOGO 11

PREFÁCIO 15

ORIENTAÇÕES PARA DOWNLOAD E CURSO 19

1. INTRODUÇÃO 21

2. O MÉTODO – *OCCUPATIONAL GOAL INTERVENTION (OGI)* 25

3. MANUAL DO MÉTODO OGI 31

4. PROTOCOLO DE APLICAÇÃO DO MÉTODO OGI 39

5. VINHETAS CLÍNICAS 43

6. PROTOCOLO DE ATIVIDADES TERAPÊUTICAS 51

7. CONSIDERAÇÕES FINAIS 63

REFERÊNCIAS 65

ANEXOS 69

LISTA DOS MANUAIS DA COLETÂNEA "COMO EU FAÇO A REABILITAÇÃO NEUROPSICOLÓGICA"

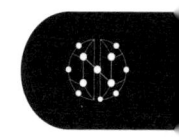

MANUAL 1 - MANUAL PARA A APLICAÇÃO DOS *CORE SETS* DA CLASSIFICAÇÃO INTERNACIONAL DE FUNCIONALIDADE (CIF) NREABILITAÇÃO NEUROPSICOLÓGICA DOS TRANSTORNOS PSIQUIÁTRICOS.

MANUAL 2 - MANUAL PARA A FORMULAÇÃO CLÍNICA PARA A INTERVENÇÃO EM REABILITAÇÃO NEUROPSICOLÓGICA.

MANUAL 3 - MANUAL DE ESTRATÉGIAS DE REABILITAÇÃO NEUROPSICOLÓGICA PARA ATENÇÃO, MEMÓRIA E FUNÇÕES EXECUTIVAS.

MANUAL 4 - MANUAL DE APLICAÇÃO DE TÉCNICAS DO MÉTODO *OCUPPATIONAL GOAL INTERVENTION (OGI)* NO CONTEXTO DA REABILITAÇÃO NEUROPSICOLÓGICA.

MANUAL 5 - MANUAL DE TÉCNICAS DE REGULAÇÃO EMOCIONAL INFANTIL.

MANUAL 6 - MANUAL DE APLICAÇÃO DO *EXECUTIVE FUNCTIONAL PERFORMANCE TEST* (EFPT-Br) NO CONTEXTO DA REABILITAÇÃO NEUROPSICOLÓGICA.

MANUAL 7 - MANUAL DE TÉCNICAS DA TERAPIA COGNITIVO COMPORTAMENTAL E SUAS INTERFACES COM A NEUROPSICOLOGIA.

MANUAL 8 - MANUAL DE ESTRATÉGIAS DE REABILITAÇÃO NEUROPSICOLÓGICA NOS TRANSTORNOS DE APRENDIZAGEM – DISLEXIA E DISGRAFIA.

MANUAL 9 - MANUAL DE TÉCNICAS DA ABORDAGEM SISTÊMICA APLICADAS À REABILITAÇÃO NEUROPSICOLÓGICA.

MANUAL 10 - MANUAL DE INTERVENÇÃO PSICOPEDAGÓGICA NO CONTEXTO DA REABILITAÇÃO NEUROPSICOLÓGICA.

PRÓLOGO

O método *Occupational Goal Intervention* (OGI) tem como objetivo ser um arsenal terapêutico referência na clínica da Terapia Ocupacional (TO) e na área da reabilitação neuropsicológica. O método OGI foi adaptado do *Goal Management Training* pela Profa. Dra. Noomi Katz, *Director, Research Institute for Health and Medical Professions, Ono Academic College; Professor Emeritus, School of Occupational Therapy, Hebrew University, Jerusalém, Israel*.

O manual na versão inglês foi gentilmente cedido pela Profa. Noomi Katz, ao Serviço de Terapia Ocupacional do Instituto de Psiquiatria do Hospital das Clínicas da Faculdade de Medicina da Universidade de São Paulo (IPqHCFMUSP). A equipe de terapeutas ocupacionais traduziu para o português e utilizou na clínica da TO. Foi ao percebemos a importância do método OGI, a partir da observação clínica, que surgiu a ideia de validar o método no Brasil, através da realização de um ensaio clínico.

Durante o II Simpósio Internacional de Pesquisa em Terapia Ocupacional realizado no IPqHCFMUSP em 2012, apresentei à Profa. Noomi Katz o meu projeto de mestrado financiado pela Fundação de Amparo à Pesquisa do Estado de São Paulo (FAPESP), sob orientação do Prof. Dr. Helio

Elkis (Prof. Associado pelo Departamento de Psiquiatria da FMUSP), para sua aprovação e orientação técnica. A partir daí, o método OGI foi estudado e aplicado na versão brasileira, em indivíduos com esquizofrenia. Este estudo deu início no meu mestrado (Vizzotto, 2013) como estudo piloto (resultados preliminares) e o estudo completo foi concluído em minha tese de doutorado (Vizzotto, 2018)

O método OGI mostrou ser efetivo no tratamento da esquizofrenia (Katz & Keren, 2011; Vizzotto et al., 2016; Vizzotto et al., 2021) além de aplicado em outros transtornos mentais graves na prática clínica dos terapeutas ocupacional do IPQ, já citados em outras publicações nacionais (Mattos e Alves, 2020; Vizzotto et al, 2020; Vizzotto, 2020; Louzã et al., 2021; Vizzotto, 2021) e internacionais (Khadijah, Darni & Sulaihah, 2019; Regev and Josman, 2020). Treinamentos de terapeutas ocupacionais, para o uso do método OGI foram realizados ao longo de 5 anos, não só em pacientes com esquizofrenia, mas em outros quadros com prejuízos de disfunção executiva.

O método OGI tem como alvo melhorar indivíduos que apresentam prejuízos cognitivos, especificamente funções executivas, domínio este cognitivo, fundamental para o bom desempenho ocupacional nas atividades de vida diária. Além disso, um método que possibilita não só a execução de atividades de forma adequada, mas que propicia não só para o terapeuta, mas também para o paciente, a análise das atividades, escopo exclusivo e principal da TO.

Ao longo deste manual, o terapeuta ocupacional terá a oportunidade de conhecer e aprender, através de uma linguagem prática e dinâmica, a utilizar o método OGI na sua prática clínica. O manual surgiu da parceria com a Dra. Fabricia Quintão Loschiavo Alvares que validou a importância e a necessidade de ampliarmos aos terapeutas ocupacionais uma ferramenta terapêutica diferenciada e no contexto da reabilitação neuropsicológica. Espero que com esta publicação, os terapeutas ocupacionais brasileiros possam enriquecer não só sua prática, mas também ampliar o raciocínio clínico em sua área de atuação.

Desejo a todos, um bom aprendizado.

Adriana Dias Barbosa Vizzotto

PREFÁCIO

Como eu faço a reabilitação neuropsicológica? Pergunta que sempre escuto em todas as aulas e cursos que ministro. Questionamento pertinente e, sem dúvida, de muita relevância clínica.

Costumo, sempre, fazer alusão à reabilitação neuropsicológica, a minha tão amada área de atuação clínica e de pesquisa há anos, como uma arte. Como o oleiro molda o barro para resultar na sua idealizada escultura? Como o escultor maneja as suas ferramentas a fim de apresentar, ao final, a sua obra de arte? Sim, vocês podem me responder, que são fruto de anos de experiência, de inspiração e criatividade, um dom, aprimorado com a observação sistemática, a partir da experenciação de diferentes procedimentos e técnicas, de aprofundamentos teóricos e vivenciais, da paixão, disciplina, enfim, várias são as respostas. Mas em todas, evidenciamos aspectos centrais.

A reabilitação neuropsicológica (sou suspeita para falar) é realmente inspiradora e apaixonante. O profissional da reabilitação é aquele disposto a, a partir do pouco, fazer muito, a "pensar fora da caixa", a inovar, a propor caminhos onde inicialmente, não se viam nem trilhas. É aquele que tem o olhar acurado para entender além do observado, profissional capaz de criar conexões entre o, a princípio, não se pode conectar. Uma pessoa detalhista, curiosa, dinâmica, observadora, e sim, sensível, versátil, pragmática, mas sempre conectada ao humano. Então, realmente, penso na analogia de um escultor. Somos escultores! Escultores de novas realidades, novos comportamentos, novas vivências e comportamentos, de novas ocupações e funcionalidades! E para tanto requeremos tudo o que foi mencionado acima, e manejamos todos estes componentes, ou ingredientes, com uma precisão estequiométrica, assim, somos escultores e alquimistas.

Aonde entra a paixão? Esta é a parte mais fascinante para mim! Não temos receita de nada (mesmo em indivíduos com o mesmo diagnóstico!), logo, novo paciente, novas fórmulas, novos desafios e resultados, novas esculturas! Gosto muito de uma célebre frase de Henry Alder, que diz que

> "o cérebro humano tem sido descrito como o único computador universal que pode funcionar com glicose (...). Infelizmente, também é o único computador que é entregue sem manual de instruções. Assim, vemo-nos obrigados a aprender à medida que evoluímos".

Imagine ao acrescentarmos as emoções, as experiências e histórias de vida, o ambiente? Quanta imprevisibilidade! Mas quão belo é este componente para a criação! Esta é a beleza da nossa obra de arte, aprendemos e reaprendemos com nossos pacientes. À medida que os auxiliamos a esculpir ou a (re)esculpir as suas próprias vidas, também eles nos auxiliam a esculpir as nossas, mudamos e somos mudados a cada instante.

Desta forma, realmente, muitos dos itens acima não são adquiríveis, são traço, não estado. São características de indivíduos, que os tornam mais inclinados para serem reabilitadores. Mas e as outras? Aquelas que demandam sim um aprendizado e aprimoramento? É para esta que estes manuais e os seus respectivos *boxes* foram criados. Partiram do meu desejo e maior comprometimento de formar profissionais de reabilitação, para que juntos, e em cooperação somemos para o fortalecimento desta área no nosso país e, sem dúvida, agreguemos todo o ferramental científico de que ela tanto necessita. Assim, vários são os títulos, mas em todos, você, profissional da reabilitação, que já dispõe de todas as características-traço ressaltadas acima, encontre as respostas para todas as suas perguntas práticas. O eixo central, a linha mestra, é o Modelo Abrangente de Reabilitação Neuropsicológica, ver Loschiavo Alvares & Wilson (2020). Mas todas as questões objetivas e pragmáticas serão nesta coletânea apresentadas de forma didática, fluída, eminentemente clínica, no estilo "como eu faço". E é claro, ela não poderia ter outro nome, se não o "Como eu faço a Reabilitação Neuropsicológica".

Este Manual, intitulado, "Manual de Aplicação de Técnicas do Método *Occupational Goal Intervention* (OGI) no Contexto da Reabilitação Neuropsicológica", o sexto da supracitada coletânea, tem como propósito central capacitar o profissional da reabilitação a empregar as técnicas do supra referenciado método, de uma forma contextualizada, dinâmica e efetiva. Este rico material, é nos apresentado pela Dra. Adriana Vizzotto, a referência brasileira nesta temática, que com seu brilhantismo, pragmatismo e ampla vivência clínica, agrega, com maestria, este importante recurso terapêutico ao ferramental clínico do reabilitador brasileiro.

Todos os formulários apresentados neste livro encontram-se disponíveis para *download* no meu site, <www.nexus-clinica.com.br>, ver orientações abaixo.

Desejo-lhes uma leitura profícua e enriquecedora, além de claro, muito inspiradora, para que assim, agreguem ferramentas mais "refinadas" e acuradas à extensa bagagem, que tenho certeza, vocês já trouxeram para esculpirem as obras de arte de vocês.

Fabricia Quintão Loschiavo Alvares

ORIENTAÇÕES PARA DOWNLOAD E CURSO

Todos as tabelas e fluxogramas mencionados neste manual estão disponíveis para download no endereço <www.nexusclinica.com.br/central-de-downloads>.

Basta acessar e preencher o formulário com os seguintes dados: nome, telefone, endereço, e-mail e o ISBN desta obra.

Este manual é material didático do curso "Aplicação de técnicas do método OGI na reabilitação neuropsicológica", disponível em <www.cursos.nexusclinica.com.br>.

Caso você tenha adquirido este manual e tenha interesse em nossa formação completa no assunto, envie um e-mail para <cursos@nexusclinica.com.br>, com seus dados e a nota fiscal de compra deste livro, para que receba um voucher especial de desconto na matrícula do curso.

INTRODUÇÃO 1

A neuropsicologia é uma ciência interdisciplinar que integra o escopo das neurociências. Surgiu no século XIX por meio de pesquisadores que associaram alterações comportamentais a lesões neurológicas específicas identificadas em exames *post mortem*. Estabelece as relações existentes entre o funcionamento do sistema nervoso central (SNC) por um lado e as funções cognitivas e o comportamento, por outro, tanto em condições normais, quanto nas patológicas (Cosenza, Fuentes, Malloy-Diniz, 2008).

Atualmente a neuropsicologia tem uma ampla gama de aplicações na prática de pesquisas e na área clínica de natureza multiprofissional. A aplicabilidade da neuropsicologia se dá através da realização de avaliações neuropsicológicas (cognitivas e funcionais) cujo objetivo é auxiliar para o planejamento da reabilitação; e na reabilitação neuropsicológica e/ou cognitiva, termos considerados sinônimos ou combinados por alguns autores (Abrisqueta-Gomes, 2012), processo este, compreendido como a utilização de estratégias ou uso de recursos variados, que ajude o indivíduo a desempenhar suas tarefas cotidianas. A avaliação e reabilitação neuropsicológica se integram quando pensamos em detectar e tratar déficits ou disfunções anormais do SNC (esquizofrenia, déficit de atenção/hiperatividade, dislexia, entre outros), ou que são adquiridas ao longo da vida (demências, traumatismo craniano, entre outros).

Reabilitar não é só melhorar os déficits cognitivos do indivíduo, mas também os inserir em seu ambiente, considerando os seus aspectos comportamentais e emocionais que interferem em suas relações interpessoais, educacionais e ocupacionais. A neuropsicologia se beneficiou muito com os estudos de pacientes com danos cerebrais nas últimas décadas, restaurando funções cognitivas, mas não resolveu o reestabelecimento funcional da maioria dos pacientes. Foi no final da década de 1980 que o foco da reabilitação foi voltado a "metas funcionais" através do ensino e treinamento de tarefas de vida diária relevantes no cotidiano do indivíduo, tais como, ensinar o paciente a realizar as atividades domésticas, fazer uso do transporte público, administração do dinheiro, entre outras atividades cotidianas (Abrisqueta-Gomes, 2012).

O conceito de funcionalidade do indivíduo é considerado o resultado do desempenho em diversas atividades que compõem ocupações de significado e/ou necessidade para cada indivíduo. São as chamadas de Atividades de Vida Diária (AVD) que podem ser das mais simples até as mais complexas, que demandam habilidades físicas, cognitivas, comportamentais e sociais (Neubern, 2018).

As AVD são divididas em: Atividades Básicas de Vida Diária (ABVD) e estão relacionadas às atividades de autocuidado (higiene, alimentação e vestuário) necessárias para a automanutenção do indivíduo; e Atividades Instrumentais de Vida Diária (AIVD) e estas são as mais complexas, fundamentais para a vida independente, como cuidados na casa, preparo de refeições, manejo do dinheiro, uso do telefone para se comunicar, cuidado com o outro, cuidar da própria saúde, uso de transporte, etc. (AOTA, 2014).

Já as AVD são relacionadas aos mais altos níveis de funcionalidade de um indivíduo. Estas atividades envolvem os mais altos níveis de aprendizagem e são influenciadas por habilidades físicas, cognitivas, emocionais e sociais mais complexas (Dias, 2011). Alguns exemplos destas atividades são:

- *atividades de lazer* - assistir à TV, praticar atividades físicas, dirigir automóvel, preparar refeições para amigos, praticar esportes, realizar atividades manuais, praticar jardinagem, ler livros/jornais, realizar passatempos, pescar, tocar instrumento musical, viajar, preencher formulários ou realizar atividades intelectuais;
- *atividades sociais* – participar de atividades políticas, manter contatos sociais diversos, fazer chamadas telefônicas, frequentar restaurantes, participar de eventos sociais, participar de grupos sociais ou religiosos, relacionar-se com amigos e familiares, visitar amigos ou parentes;
- *atividades produtivas* – prestação de serviços comunitários, trabalhar, exercer voluntariado, praticar atividades religiosas e solidárias.

Funcionalidade, de acordo com a Classificação Internacional de Funcionalidade (OMS, 2015), é ampla e envolve diferentes funções e estruturas do organismo, a atividade e a participação em ambiente socioambiental. É um conceito que indica como uma atividade é executada no cotidiano, no seu ambiente habitual, repercutindo no envolvimento do indivíduo nas situações de vida (Mello, 2018). Conforme a OMS (2015), a capacidade funcional é o aspecto fundamental no conceito de independência, que facilita as atividades cotidianas. O desempenho ocupacional nas AVD é um indicador relevante para avaliar a funcionalidade de um indivíduo. Já a incapacidade funcional é entendida pela presença de dificuldades no desempenho de certas atividades da vida cotidiana ou mesmo pela impossibilidade de desempenhá-las (Rosa et al., 2003).

O desempenho ocupacional e a funcionalidade fazem parte do escopo da Terapia Ocupacional (TO), que tem como objetivo principal reabilitar o indivíduo para o seu cotidiano, de forma plena e independente. A ênfase dada ao desempenho ocupacional requer que o terapeuta ocupacional empregue estratégias para que o indivíduo perceba suas limitações e dificuldades de desempenhar as tarefas diárias. Sob a ótica da funcionalidade, se faz necessário a avaliação da capacidade funcional para o estabelecimento de um raciocínio clínico para realizar a intervenção de TO (Vizzotto, 2020). Sendo assim, a intervenção de TO atua dentro de estruturas derivadas de modelos teóricos de prática e das teorias da ocupação humana, com o propósito de reunir e organizar informações, avaliar as capacidades e habilidades do indivíduo, com a proposta de envolvê-lo em suas ocupações necessárias e desejo próprio nos contextos em que estas ocorrem (Grieve; Gnanasekaran, 2010).

Considerando a responsabilidade do terapeuta ocupacional nesta empreitada de reabilitação e de inserção do indivíduo em ocupações significativas e essenciais na vida cotidiana, este manual tem como objetivo apresentar um novo modelo de intervenção terapêutica, o método *Occupational Goal Intervention* (OGI), cuja abordagem baseia-se nos princípios da reabilitação neuropsicológica.

O MÉTODO – *OCCUPATIONAL GOAL INTERVENTION (OGI)* 2

O OGI é um método em que a "ação" é representada e controlada por uma hierarquia de metas. É um tratamento direcionado para oferecer ao indivíduo habilidades necessárias para que as metas de uma atividade e/ou ocupação sejam executas de forma adequada e eficiente. É um método direcionado para indivíduos que apresentam déficits de funções executivas (FE) (Katz e Keren, 2011)

FE refere-se a uma gama de processos cognitivos de alto nível que se combinam para estabelecer objetivos e fazer escolhas em situações novas. São fundamentais para a capacidade de se adaptar a um mundo em constante mudança. As FE são os domínios cognitivos mais elevados para a execução de ações direcionadas a um objetivo e comportamentos novos (Pantano, Vizzotto, Rocca, 2020).

Um trabalho de intervenção em FE deve promover estratégias de autorregularão por meio do uso de autoinstruções verbais, autoquestionamento e automonitoramento (Vizzotto, Modelli, Oliveira, Setti, 2020). Luria (1966) denominou como déficits em FE a *Frontal Lobe Syndrome*, atualmente é conhecida como *Dysexecutive Syndrome* (DES). A DES trata-se de um conjunto de sintomas do indivíduo que se apresenta apático, inflexível e incapaz de iniciar qualquer atividade, a não ser recebendo instruções; faz atividades de forma rotineira, mas não consegue lidar com situações novas e apresenta dificuldade de se organizar para começar qualquer tarefa, além de prejuízos de memória e atenção. A **tabela 1** mostra um modelo clínico das FE (SOHLBERG & MATTER, 2009).

Tabela 1 – Modelo Clínico de FE:

Área	Funções comprometidas
Iniciativa e direção	Comportamento de iniciativa
Resposta inibitória	Comportamento de parada
Persistência na tarefa	Manutenção do comportamento
Organização	Sequenciamento e sincronismo de comportamento
Pensamento criativo	Criatividade, fluência, destrezas para a solução de problemas
Conscientização	Autoavaliação e percepção

Fonte: Adaptado de Sohlberg & Matter, 2009.

Um exemplo de disfunção executiva (tabela 2), aplicando o modelo de FE descrito por Sohlberg & Matter (2009), na realização de atividades funcionais, mostram os prejuízos que o indivíduo acometido pode apresentar:

Tabela 2 – Exemplo de Aplicação do Modelo de FE na realização de atividades funcionais

Modelo de FE	Disfunção executiva
Iniciativa e direção	O indivíduo não tem iniciativa de fazer compras de supermercado, mesmo quando a geladeira está vazia.
Resposta inibitória	Compra itens desnecessários, deixando os essenciais de fora. Compras por impulso.

Modelo de FE	Disfunção executiva
Persistência na tarefa	Não segue uma lista de compras.
Organização	Não faz a uma lista de compras, não segue uma sequência lógica de busca dos produtos e uso faz ineficiente do tempo quando está comprando as mercadorias.
Pensamento criativo	Se não encontra o produto desejado, não pensa na possibilidade de um substituto ou similar.
Conscientização	Não acha que fazer compras seja uma necessidade ou uma área de preocupação.

Fonte: Adaptado de Sohlberg & Matter, 2009.

Considerando que a disfunção executiva traz prejuízos relevantes na funcionalidade de um indivíduo, o método OGI surgiu de uma adaptação do *Goal Managemant Trainnig* (GMT), para o uso na clínica da Terapia Ocupacional (TO) por Katz e Keren (2011), através do estudo controlado randomizado que mostrou efetivo na melhora de FE em indivíduos com esquizofrenia. Outro ensaio clínico que também mostrou efetividade pós tratamento com o método OGI, e que a melhora se manteve no follow-up, foi o estudo de Vizzotto et al., (2016) e Vizzotto et al., (2021) na melhora de FE, com um impacto no desempenho ocupacional de indivíduos com esquizofrenia resistente ao tratamento.

O GMT é uma abordagem de aprendizado de estratégias de que o comportamento dos indivíduos com disfunção executiva, pode ser atribuído ao comportamento de construção. Listas de objetivos são descritos por etapas no GMT para impor coerência ao comportamento, controlando a ativação ou a inibição de ações que promovam ou se oponham ao término da tarefa, selecionando novas ações, quando ações tentadas anteriormente não conseguiram atingir esse objetivo

(Levine et al., 2000). Podemos interpretar as etapas também por cinco fases:

- orientação;
- seleção de metas;
- definição de submetas para alcançar a meta principal;
- foco na retenção das submetas; e
- comparação do resultado com a meta inicial (monitoramento).

A estrutura do programa segue as seguintes etapas (Vizzotto, Modelli, Oliveira, Setti, 2020):

1. Parar e pensar no que irá fazer e como (concentrar-se na tarefa);
2. Definir a tarefa (qual o meu objetivo?);
3. Listar as etapas da tarefa a serem realizadas (faça uma lista dos passos necessários para realizar a tarefa);
4. Aprender a tarefa (o que eu preciso saber sobre os passos?) e executar a tarefa (coloque em prática); e
5. Confira (alcance do objetivo, dificuldades que surgiram e o que eu posso melhorar).

Cada uma destas etapas corresponde a um importante aspecto do comportamento dirigido para a meta. É um processo de manutenção da consciência das metas.

A estrutura do GMT é a mesma do método OGI, e a diferenciação entre ambos se dá no setting e na análise da atividade, escopo específico da prática clínica da TO. Sendo o objetivo do método OGI é: 1. construir um plano de atividades; 2. fazer uma lista do que é necessário para executar uma tarefa/atividade, passo a passo, para alcançar uma meta; 3. mantê-las e recordá-las na mente; e 4. para regular e monitorar o desempenho. Seguir esta sequência de metas, incentivam os pacientes a monitorar e avaliar o seu próprio desempenho em situações de vida diária.

Sohlberg e Mateer (1999) delinearam uma abordagem de tratamento baseado em vários princípios gerais que são fundamentais para a realização de uma tarefa:

- Planejamento da tarefa: melhorar a habilidade para formular e organizar as etapas necessárias para desempenhar a tarefa na própria sequência;
- Desempenho da tarefa: melhorar a iniciativa e a habilidade para o desempenho da tarefa de acordo com que foi planejado;
- Gerenciamento do tempo: modificar o comportamento de acordo com a restrição do tempo;
- Estimulação do tempo: melhorar a habilidade para estimar o tempo, especialmente enquanto desempenha uma tarefa;
- Monitorar o desempenho: melhorar a habilidade para julgar o desempenho, para identificar erros, e de se autorregular; e
- Estratégias metacognitivas: uso de estratégias de autodireção e autorregulação para melhorar prejuízos no planejamento, na resolução de problemas e na impulsividade.

Estes princípios propostos por Sohlberg e Mateer (1999) apresentam uma relação direta com o método OGI que usa como estratégia a aprendizagem por fases para a execução de tarefas corroborando para orientar e facilitar a execução adequada de atividades.

MANUAL DO MÉTODO OGI   3

O manual do Método OGI foi disponibilizado pela Profa. Noomi Katz – Director, Research Institute for Health and Medical Professions, Ono Academic College; Professor Emeritus, School of Occupational Therapy, Hebrew University, Jerusalem, Israel. O manual passou por uma primeira tradução do inglês para o português por terapeutas ocupacionais do Serviço de Terapia Ocupacional do IPq/HCFMUSP e revisado pela Profa. Yvone Elizabeth. Para a aplicação do método OGI é necessário que o terapeuta receba um treinamento de sua utilização para melhor aplicação do método.

3.1. APRESENTAÇÃO PARA O PACIENTE

Terapeuta: "Durante as próximas semanas, iremos aprender a utilizar o método OGI para diferentes atividades de acordo com seus interesses. Você (paciente) irá decidir quais são os objetivos e o tipo de atividade, de acordo com as áreas que são importantes para você".

Quando o terapeuta avalia o nível cognitivo básico do paciente e descobre que ele é baixo, ele deve demonstrar o método, além da explicação verbal.

Estrutura do processo e do encontro terapêutico

3.1.1 Estratégia de apresentação

A estratégia inclui diversas etapas: objetivo, planejamento, desempenho e monitoramento. Durante as primeiras sessões o terapeuta irá apresentar as fases do método e, em seguida, pedir ao paciente para especificar quais são os passos, de acordo com o método OGI. Se o paciente não se lembrar, o terapeuta irá ajudar, mas será dada assistência aos poucos, por meio de questões dirigidas a fim de incentivá-lo a se lembrar e fazer esforços para encontrar a resposta sozinho.

3.1.2 Orientação e esclarecimento

Nesta etapa, o terapeuta irá esclarecer ao paciente quais parecem ser suas áreas problemáticas no desempenho ocupacional. O terapeuta irá pedir ao paciente para identificar atividades que ele gostaria de exercer, ou que ele perceba que se espera que ele execute. Depois que o paciente traz à tona suas queixas, o terapeuta vai ajudar a esclarecê-las com perguntas específicas e direcionadas.

3.1.3 Definição e fixação de um objetivo

- Decidir sobre o tipo de atividade que deseja executar;
- Depois de identificar as atividades, o terapeuta irá pedir ao paciente para definir o objetivo que deseja alcançar hoje; e
- A meta deve ser definida de uma forma que seja possível monitorar e avaliar o resultado.

3.1.4 Fase de planejamento

O paciente irá descrever quais passos são necessários para alcançar a meta (Forneça pistas por meio de questões norteadoras, tais como: "Quais os materiais e ferramentas são necessários para executar?", "O que deve ser feito?", e "O que precisa ser feito primeiro?");

Escrita: o paciente irá escrever os passos indicados na página do programa de atividade (as etapas podem ser escritas durante a discussão e descrição dos passos pelo cliente); e

Aprender: o paciente deverá aprender as etapas do programa memorizando o processo.

O paciente faz uso de um diagrama (**tabela 3**) para o entendimento das fases e, em seguida, da ficha do OGI (**quadro I**) para descrever sua meta do dia e plano de atividades. A **tabela 3** descreve as fases do método OGI (diagrama) que serve para orientar a execução de atividades.

Tabela 3 – Diagrama do Método OGI – fases

FASE I	• Pare e pense! • Orientar e alertar para a tarefa. • Discussão inicial de interesses e de tarefas que a pessoa quer trabalhar; aumentar a consciência para as atividades significativas individuais que irão direcionar a escolha de tarefas, e a discussão sobre os principais problemas e dificuldades que afetam o desempenho.
FASE II	• Definir a tarefa principal, definir uma meta. • Definir o objetivo específico. Esta fase inclui a escolha, definição e estabelecimento de metas.
FASE III	• Planejamento • Listar e dividir as metas em submetas. • Definir as etapas para alcançar a meta. • Recordar o processo, etapas e materiais necessários. • Estimativa de duração do desempenho. • Aprenda as etapas de codificação e as retenha, memorize o processo.
FASE IV	• Fazer, executar a tarefa.

FASE V	• Monitoramento • Verificar e avaliar os resultados e o processo. • Comparar o resultado com a meta definida. • Que tipo de problemas/dificuldades você encontrou? • Quais os fatores que promoveram e interromperam a realização da meta (realização de tarefas)? • Existem formas alternativas para a realização da tarefa?

É fundamental a leitura do diagrama com o paciente durante a sessão de TO para esclarecimento de dúvidas e o aprendizado do método OGI. Após a compreensão das fases, o terapeuta deve apresentar-lhe a ficha do OGI para a escolha da atividade e seu prenchimento.

Quadro 1 – Ficha do OGI

PLANO DA ATIVIDADE – FICHA DO OGI

1ª. Parte – Pare e Pense

Meta do dia/semana/mês: _____

Vou conseguir a realizar a meta?

( ) totalmente   ( ) parcialmente   ( ) não vou conseguir

Acredito que a nota de meu desempenho será:

1 2 3 4 5 6 7 8 9 10

Comentários: _____
_____

2ª Parte

A- Planeje.

As etapas da meta do dia são:

1. _____

> 2. _____
> 3. _____
> 4. _____
> 5. _____
> 6. _____
>
> Tempo estimado para concluir meta: _____
>
> Memorize as etapas
>
> **3ª Parte** - Execute a tarefa
>
> **4ª Parte** - Avalie seu desempenho
>
> Alcancei minha meta do dia?
> ( ) totalmente   ( ) parcialmente   ( ) não realizei
>
> O que eu fiz: _____
>
> Dificuldades/problemas apresentados _____
>
> O que eu gostaria de fazer diferente da próxima vez?
> _____
> _____
>
> OBSERVAÇÕES: _____

3.1.5 Estágio de desempenho

O paciente irá executar a tarefa de acordo com o plano. A lista dos passos está localizada próxima a ele, para que ele seja capaz de olhá-la quando necessário. Você pode adicionar uma página na qual o paciente marque seu progresso durante a execução. Se ele tiver comentários, deverá escrevê-los nesta página.

Durante o desempenho da tarefa pelo paciente, o terapeuta observa e escreve comentários, como padrões de trabalho, sequência de passos, manipulação de problemas, solução de problemas, comportamentos proeminentes, etc.

3.1.6 Monitoramento e avaliação de desempenho

Discutir e escrever os pontos do resumo do desempenho da atividade "Verificar a forma".

1) Reconstrução do desempenho: "O que aconteceu?" e "O que você fez?" (se necessário prestar assistência, questionar: "Qual foi a primeira coisa que você fez?", "Como você começou?", "O que você fez depois?"). Se a reconstrução não for exata, compare com a observação do terapeuta;

2) Avaliações de desempenho: até que ponto eu tenho alcançado o objetivo?

I. Não consegui;

II. Eu consegui parcialmente;

III. Consegui;

IV. O que eu fiz bem?

V. O que você fez que promoveu o objetivo? Quais foram os problemas ou dificuldades?

VI. O que você aprendeu com essa experiência? O que você faria diferente da próxima vez? Você quer mudar alguma coisa na próxima vez?

A. Há passos que você esqueceu ou fez em uma ordem errada?

B. Você pretende adicionar ou alterar os passos do trabalho?

C. Você quer mudar o ritmo de trabalho?

D. Existe uma necessidade de prestar atenção em algo que você não tinha notado antes?

E. Se houver mais uma forma de completar a tarefa, qual é?

VII. O que você aprendeu sobre seu desempenho?

VIII. Houve comportamentos proeminentes, como distração frequente, manifestações ruidosas, etc., que podem ser mencionados e discutidos.

3.2 INFORMAÇÕES GERAIS E ORIENTAÇÕES PARA A INTERVENÇÃO

3.2.1 Estratégia de apresentação

Quando o terapeuta avalia o paciente de nível cognitivo básico e percebe que ele está no nível mais baixo da escala, ele deverá demonstrar o método, além da explicação verbal.

As tarefas escolhidas deverão ser graduadas em dificuldade e complexidade, de acordo com o progresso do cliente. A tarefa mais simples, com apenas alguns passos, será a do início.

O paciente é um participante ativo. Ele vai definir, caracterizar e especificar a área, as dificuldades e vai determinar (decidir) qual tarefa é mais importante para ele. O terapeuta irá pedir questões abertas e objetivas. Recomenda-se usar perguntas abertas que incentivem o cliente a falar.

Duração da sessão: cerca de uma hora e meia.

3.2.2 Estágio de desempenho

No estágio de desempenho, o terapeuta pode ajudar, fazendo perguntas objetivas, dando instruções e direção de formas diferentes.

O nível de detalhes do programa e sua construção depende do estado, de suas habilidades e da gravidade de suas dificuldades. Quanto pior a situação do paciente, mais o programa deverá ser estruturado e detalhado. A tarefa será simples, com alguns pequenos passos, que pode ser feita dentro de um período relativamente curto. É recomendado escolher tarefas que façam parte do tratamento e, gradualmente, passar a deveres e tarefas que serão executadas na vida diária do cliente para promover a inclusão e a transferência do desempenho.

A aplicação do processo executivo é realizada em todas as reuniões. É importante praticar e repetir o método em cada sessão a fim de assimilá-lo. O método pode ser combinado com os exercícios e "dever de casa". Na fase de controle, o terapeuta irá adicionar sua contribuição sobre o modo de desempenho, mais opções para o enfrentamento, etc.

PROTOCOLO DE APLICAÇÃO DO MÉTODO OGI 4

A aplicabilidade do método OGI realizado no estudo de Vizzotto et al., (2016) e Vizzotto et al., (2021) possibilitou que o método pudesse ser aplicado não somente individualmente, mas em intervenções grupais em pacientes com esquizofrenia resistente. Foi incluído no desenho do estudo, intervenções grupais de 4-5 pacientes, que foram avaliados por um protocolo de avaliações de FE e funcionalidade no início, pós tratamento e no follow-up (seguimento de 6 meses sem intervenção) para medirmos a evolução de melhora clínica no grupo experimental e no grupo controle. Ambos os grupos receberam 30 sessões de atividades pré-estabelecidas, sendo o do grupo método OGI (experimental) atividades de orientação do uso do método OGI e atividades de vida diária das mais simples até as mais complexas comparado ao grupo de atividades artesanais (controle) que receberam materiais artesanais de livre escolha, sem intervenção ativa do terapeuta ocupacional. Foram duas sessões semanais de 1-2 horas, de acordo com a duração da realização da atividade proposta. A tabela 4 mostra o plano de tratamento utilizado nas intervenções grupais (grupo controle) no estudo.

Tabela 4 – O plano de tratamento para os grupos do Método OGI.

Semana	Módulo	Atividades
1° a 2°	Apresentação do grupo. Orientação psicoeducativa: Quais são os prejuízos no funcionamento executivo causados pela esquizofrenia? O que é a TO baseada no método OGI?	Detalhes sobre o tratamento, em que consiste a TO e contrato terapêutico (todos os participantes recebem o conteúdo das aulas). O terapeuta ocupacional expõe o tema e abre para discussão em grupo.
3° a 14°	Tarefas funcionais de Atividades Básicas de Vida Diária (ABVD), Atividades Instrumentais de Vida Diária (AIVD) e Atividades Avançadas de vida diária (AAVD) desempenhadas em tempo real durante as sessões de TO, atividades externas e tarefas de casa.	Grupos de TO baseada no método OGI. Uso do Diagrama e ficha do OGI.
15°	Encerramento das sessões e avaliação do tratamento.	Avaliação dos pacientes e do terapeuta em relação ao tratamento.

Fonte: Vizzotto et al., (2016).

As atividades que foram propostas no estudo como proposta de intervenção, para serem realizadas nas sessões de TO. É importante ressaltar que o método OGI pode ser aplicado em qualquer atividade que o paciente queira fazer, isto é, atividades significativas e/ou que tenha um propósito de aprendizagem.

Os estudos de Katz e Keren, (2011); Vizzotto et al., (2016) e Vizzotto et al., (2021), foram aplicados em indivíduos com esquizofrenia, pelo fato desta população apresentar prejuízos relevantes em FE e com um impacto na funcionalidade, mas posso afirmar que o método OGI pode também beneficiar outros transtornos mentais, neurológicos, entre outros, que apresentam os mesmos prejuízos e que necessitam de reabilitação.

A equipe de terapeutas ocupacionais do Serviço de TO do Instituto de Psiquiatria do Hospital das Clínicas da Faculdade de Medicina da Universidade de São Paulo (IPqHCFMUSP), como já mencionado anteriormente traduziu o manual e aplicou o método também em pacientes com transtornos mentais graves de diversas patologias com evolução clínica favorável, em ambulatório e centro de reabilitação e hospital dia (Mattos e Alves, 2020).

VINHETAS CLÍNICAS   5

As vinhetas clínicas mencionadas abaixo são exemplos do uso do método OGI em pacientes com transtornos mentais graves. Uso do diagrama (figura 1) e ficha do OGI (aplicada em cada exemplo) em sessões de TO individual e grupal.

Figura 1 – Diagrama do OGI

- PARE E PENSE
- DEFINA A TAREFA PRINCIPAL
- PLANEJE AS ETAPAS
- EXECUTE A TAREFA
- VERIFIQUE E AVALIE OS RESULTADOS

5.1 ATENDIMENTO INDIVIDUAL

Bruna (nome fictício), 26 anos, administradora de empresas. Faz tratamento psiquiátrico, psicoterapêutico e TO. Seu diagnóstico é de Déficit de Atenção e Hiperatividade

(TDAH) e Transtorno Ansioso. Foi encaminhada para TO, por apresentar muita dificuldade de organizar-se e planejar suas atividades diárias e no ambiente de trabalho. Apresenta Quociente Intelectual (QI) acima da média, mas em termos funcionais, não consegue focar nas tarefas de trabalho adequadamente (falta compromissos, desorganiza-se em seus horários de trabalho, perde documentos, esquece facilmente o que precisar fazer, etc.). Só não perdeu o emprego ainda porque é criativa, sabe trabalhar em equipe e é uma pessoa muito honesta (observações de sua chefia).

5.1.1 Plano de tratamento

- Protocolo de avaliação cognitiva funcional inicial e reavaliação a cada 6 meses aproximadamente.
- Necessidades e desejos de Bruna (o que gostaria de melhorar?).
- Quais prejuízos avaliados pela terapeuta precisam reabilitados de acordo com os resultado do protocolo de avaliação?
- Apresentação do Método OGI.
- Execucão de atividades funcionais e estimulacão cognitiva durante as sessões.
- Metodo OGI (uso do diagrama e da ficha).

Exemplo do uso do método OGI de uma atividade planejada em uma das sessões individuais de Bruna.

PLANO DA ATIVIDADE – FICHA DO OGI

1ª Parte – Pare e Pense

Meta do dia: Preparação de uma mala de viagem. Viagem a trabalho (sete dias).

Vou conseguir a realizar a meta?

( ) totalmente (x) parcialmente ( ) não vou conseguir

Acredito que a nota de meu desempenho será:

1 2 3 4 (5) 6 7 8 9 10

Comentários: "Sempre que viajo a trabalho, esqueço de colocar alguns itens essenciais na minha mala".

2ª Parte

A- Planeje:

As etapas da meta do dia são: "separar os itens essenciais e arrumar a mala."

1. utensílios de higiene pessoal: escova de dente, pasta dental, fio dental, sabonete, shampoo, condicionador, sabonete, desodorante, hidratante creme para mãos, protetor solar e absorventes.

2. apresentação pessoal: escova de cabelo, perfume, batons, base, pó compacto, lápis e rímel, blush, algodão, cotonete e demaquilante.

3. peças de vestuário: 3 camisas sociais, 2 camisetas, 2 vestidos, 1 saia, 2 calças sociais, 1 blazer, 1 agasalho, 1 shorts, 1 casaco, 1 camisola, peças intimas, 2 meias calça, 2 meias esportiva, 1 tênis, 2 sapatos sociais e 1 chinelo.

4. Medicações de rotina: medicaçoes diárias, analgésicos eventuais.

5. Ferramentas de trabalho: notebook, celular, carregadores e documentos.

6. Bolsa social, bagagem de mão, livro.

> Tempo estimado para concluir meta: 2 horas
> Memorize as etapas.
>
> <u>3ª Parte</u> - Execute a tarefa (realizar em casa)
>
> <u>4ª Parte</u> - Avalie seu desempenho
>
> Alcancei minha meta do dia?
>
> (x) totalmente   ( ) parcialmente   ( ) não realizei
>
> O que eu fiz: segui os passos da ficha (2ª parte).
> Dificuldades/problemas apresentados: "demorei mais tempo do que o previsto e tive dificuldade de organizar de forma organizada".
> O que eu gostaria de fazer diferente da próxima vez? "Gostaria de fazer de forma mais organizada da próxima vez".
> OBSERVAÇÕES: <u>"a minha nota poderia ter sido 8"</u>

Nota: A 1ª e a 2ª parte da ficha do OGI foram preenchidas na sessão de TO. A execução da tarefa (3ª parte) e a avaliação do desempenho (4ª parte) foram feitas na casa de Bruna.

5.2 ATENDIMENTO GRUPAL

O grupo baseado no método OGI foi realizado no ambulatório do serviço de TO. Era um grupo de quatro pacientes: Roberto (36 anos), Maria (30 anos), Julia (40 anos) e Vitor (43 anos), nomes fictícios, com diagnóstico de esquizofrenia resistente que são acompanhados no PROJESQ do IPq/HCFMUSP. Estes pacientes participaram do ensaio clínico de Vizzotto et al., (2021), realizam 30 sessões de TO baseado no método OGI.

As atividades propostas eram a execução de atividades de vida diária, desde as mais simples (autocuidado) até as mais complexas do dia a dia. Roberto, Maria, Julia e Vitor apresentam prejuízos cognitivos, funcionais, além de sintomas positivos (ideias delirantes, desorganização do pensamento e alucinações) e sintomas negativos (anedonia, comprometimento volitivo e isolamento social). Não estudam e nem trabalham atualmente. Permanecem em casa ociosos e não conseguem realizar nem mesmo as atividades básicas de vida diária adequadamente.

5.2.1 Plano de tratamento

- Protocolo de avaliação cognitiva funcional no início, no final das 30 sessões e após 6 meses do término.
- Necessidades e desejos do grupo e o que mais precisam melhorar.
- Atividade inicial psicoeducativa.
- Necessidades e desejos do grupo e o que mais precisam melhorar.
- Apresentação do método OGI.
- Execução de atividades funcinais e estimulação cognitiva durante as sessões.
- Metodo OGI (uso do diagrama e da ficha).

As 30 sessões realizadas nos grupos do estudo de Vizzotto et al., (2018), estão descritas no protocolo de atividades terapêuticas abaixo.

Exemplo do uso do método OGI de uma das sessões dos atendimentos grupais realizados no estudo.

PLANO DA ATIVIDADE – FICHA DO OGI

1ª. Parte – Pare e Pense

Meta da semana: Lista de compras de supermercado (preparação de lanches, sucos e café).

Vamos conseguir a realizar a meta?

(x) totalmente   ( ) parcialmente   ( ) não vamos conseguir

Acredito que a nossa nota de desempenho será:

1 2 3 4 5 6 (7) 8 9 10

Comentários: Escolha dos lanches e sucos e de todos ingredientes e utensílios necessários para ser realizado em uma das sessões de TO.

2ª Parte

A- Planeje:

As etapas da meta são:

1. Escolha dos ingrediente e alimentos: 1 pacote de pão de forma integral, 5 pães franceses, 300g de mussarela, 300g presunto, 2 tomates, 1 alface, 1 pacote de orégano e 1 pote de manteiga.

2. Bebidas: 12 laranjas, suco de uva e café, adoçante e açúcar.

3. Utensílios de cozinha: faca de pão, garfos, facas, colher de sobremesa e café, guardanapo de papel, pratos de sobremesa, tábua, copos, xícaras, jarras, bule, garrafa térmica, filtro de papel e suporte de filtro, travessas de vidro, sanduicheira, jogo americano e espremedor de frutas.

4. Higienização antes e depois do uso dos utensílios e limpeza da mesa: esponja, detergente, álcool e panos de prato.

5. Separar o que não é necessário comprar: alguns membros trouxeram coisas de casa, outros ingredientes e materias pertencem a sala de TO e outros foram comprados no supermercado.

6. Divisão de tarefas de cada membro do grupo: Maria e Julia ficaram com a montagem dos lanches; Vitor preparação dos sucos; e Roberto preparação do café e de arrumar a mesa. Todos ajudarão na higienização antes e depois do lanche.

7. Ida ao supermercado: próxima sessão.

8. Armazenamento dos alimentos: na geladeira e separação dos ingredientes no armário.

Tempo estimado para concluir meta: 3 sessões de TO (2 horas cada).

Memorize as etapas

3ª Parte - Execute a tarefa (próxima sessão).

4ª Parte - Avalie seu desempenho.

Alcancei minha meta da semana?

(X) totalmente   ( ) parcialmente   ( ) não realizei

O que fizemos: preparamos lanches, sucos, café, nos alimentamos e higienizamos o espaço.

Dificuldades/problemas apresentados: dificuldade de atenção, seguir as etapas, higienizar os utensílios.

O que gostariam de fazer diferente da próxima vez? "Saber se virar sozinho"

OBSERVAÇÕES: O grupo precisou de orientação durante as etapas, rever a ficha constantemente para "memorizar a sequência de etapas. Mas conseguiram, realizaram as tarefas e ficaram satisfeitos com o resultado. A estimativa de tempo das sessões foi em média 1:30min.

Nota: A ficha do OGI foi preenchida na sessão de TO.

PROTOCOLO DE ATIVIDADES TERAPÊUTICAS 6

As sessões foram realizadas durante estudo de Vizzotto (2018) em pacientes com esquizofrenia resistente. Este protocolo de atividades foi aplicado durante o estudo (30 sessões), após um levantamento das necessidades e dificuldades apresentadas na execução de AVD de pacientes com esquizofrenia. Cabe ressaltar que a aplicabilidade deste protocolo não é obrigatório. Qualquer atividade de livre escolha, desejada pelo paciente ou de suas necessidades diárias, podem utilizar o método OGI para possibilitar e melhorar o desempenho ocupacional.

1° SESSÃO: APRESENTAÇÃO DO GRUPO

Tarefa 1:

- Dinâmica de grupo para apresentação dos membros do grupo;
- Introdução dos principais objetivos do tratamento terapêutico ocupacional e o contrato terapêutico (esclarecimento de regras, horário dos grupos, local e outros);
- Apresentação de uma lista de tarefas de Atividades Básicas de Vida Diária (ABVD), Atividades Instrumentais de Vida Diária (AIVD), e Atividades Avançadas de Vida Diária (AAVD) que serão realizados nas sessões posteriores.

2° A 3° SESSÕES: PSICOEDUCACIONAL

Tarefa 1:

- Apresentação (*datashow*) sobre esquizofrenia e os prejuízos cognitivos e funcionais causados pela doença;
- O terapeuta expões o tema e abre a discussão para o grupo.

Tarefa 2:

- Apresentação (*datashow*) sobre o tema TO baseado no modelo OGI e os benefícios trazidos para os indivíduos com esquizofrenia. Como usar o diagrama e a ficha do OGI;
- Todos os participantes recebem o conteúdo das aulas impresso.

4° A 6° SESSÕES: ABVD - ORIENTAÇÃO SOBRE AUTOCUIDADO

Tarefa 1:

- Escolha um dia da semana, para descrever sua rotina diária de autocuidado. Preencha a ficha do OGI;
- Cada membro do grupo preenche individualmente sua ficha do OGI relatando sua rotina diária de autocuidado;
- Apresentação do que foi preenchido em cada ficha.

Tarefa 2:

- Discussão da importância do autocuidado e dificuldades apresentadas para realização da rotina diária.

Tarefa 3:

- Kit higiene – utensílios de higiene e de uso pessoal são colocados sobre a mesa (escova de dente, sabonete, desodorante, pente, lixa, alicate de unha, pasta, pinça, cotonete, shampoo, condicionador, etc.), além de nécessaires.
- Cada membro do grupo, escolhe os utensílios de higiene que considera essencial para o autocuidado e coloca-os em um nécessaire de sua escolha. Depois cada membro do grupo, leva o seu, sendo orientado usá-los diariamente.

7° A 9° SESSÕES: ABVD – ORIENTAÇÃO SOBRE VESTUÁRIO E APRESENTAÇÃO PESSOAL

Tarefa 1:

"Imaginem que vocês foram convidados para um casamento... e que após a cerimônia, haverá um jantar para os convidados."

- Descreva na ficha do OGI: qual vestimenta vocês usariam?
- Cada membro do grupo preenche individualmente a ficha do OGI relatando sua tarefa sobre vestuário;
- Apresentação do que foi discutido em cada ficha.

Tarefa 2:

- Discussão sobre a importância da apresentação pessoal e do uso adequado do vestuário em determinados espaços e situações.

Tarefa 3:

- Dinâmica: Escolha seu vestuário – cada membro do grupo escolhe algumas peças de roupas, acessórios e calçados expostos sobre a mesa, e relata em que situação usaria e o porquê da escolha.

10° A 16° SESSÕES: AIVD - CUIDADOS COM O VESTUÁRIO, OBJETOS DE USO PESSOAL E ESPAÇO FÍSICO

Tarefa 1:

- Cada membro do grupo preenche individualmente a ficha do OGI relatando o cuidado com o seu vestuário (exemplo: como lavar/passar ou fazer pequenas costuras de roupas);
- Discussão sobre a importância do zelo com vestuário e o envolvimento de cada membro com essas atividades instrumentais e noções básicas do cuidado com o vestuário caso o indivíduo seja necessário realizá-lo no dia a dia.

Tarefa 2:

- Cada membro do grupo escolhe uma peça de roupas expostas sobre a mesa e demais materiais (ferro, tábua de passar, etc.), para passar as roupas.

Tarefa 3:

- Cada membro do grupo escolhe fazer pequenas costuras (pregar botões em blusas e calças, barra de calças, roupas descosturadas).

Tarefa 4:

"Imaginem que vocês passarão um final de semana (duas noites e três dias) no interior de São Paulo, na casa de um amigo ou familiar. Vocês precisam preparar uma mala de viagem. O que vocês levariam para três dias?"

- Cada membro do grupo preenche individualmente a ficha do OGI relatando o que levaria em sua mala de viagem;
- Peças de roupas, acessórios, sapatos, objetos de uso pessoal e uma mala de viagem são distribuídos sobre a mesa, e cada membro do grupo escolhe o que colocaria na mala de viagem.

Tarefa 5:

- Cada membro do grupo preenche individualmente a ficha do OGI relatando o cuidado com os objetos de uso pessoal (guardar as roupas, calçados e etc.);
- Roupas variadas e objetos de uso pessoal são distribuídos sobre a mesa. Cada membro do grupo escolhe determinadas vestimentas e a proposta da atividade é dobrar, empilhar ou pendurar (cabides, nécessaires e outros objetos facilitadores estão disponíveis) as roupas e arrumar de forma adequada o que é considerado de uso pessoal;
- No final desta tarefa, todos os membros do grupo recebem uma ficha do OGI para preencherem em casa e realizarem a arrumação do seu próprio quarto ou outro espaço físico da casa.

Tarefa 6:

- Cada membro do grupo apresenta a ficha do OGI e descreve sobre a tarefa de casa que realizou (arrumar o quarto ou outro espaço físico da casa);

- Cada membro do grupo relata sua rotina diária de realização de tarefas domésticas básicas (arrumar a cama, troca de roupas de cama e banho, etc.);
- Discute-se a importância do envolvimento de cada indivíduo nessas tarefas instrumentais;
- No final da discussão, cada membro do grupo leva uma ficha do OGI para preencherem em casa sobre tarefas que não costumam realizar, para realizarem (ex.: arrumar a cama ou guardar as roupas no armário).

17° A 19° SESSÕES: AIVD - ORGANIZAR UMA AGENDA, CÁLCULOS SIMPLES E USO DINHEIRO, NOÇÕES BÁSICAS DE INTERNET

Tarefa 1:

- Organização de uma agenda - todos os membros do grupo recebem uma agenda anual;
- A proposta desta atividade é executar a seguinte tarefa: preencher os dados pessoais, contatos telefônicos, marcar os principais compromissos (datas das sessões, consultas médicas, datas de aniversários e outros compromissos);
- No final da sessão, fica como tarefa para realizar em casa, completar os demais contatos, dados e compromissos faltantes.

Tarefa 2:

Cálculo simples e uso do dinheiro - "Imaginem que vocês vão ao supermercado para fazer compras. Precisam checar o troco que foi dado em dinheiro na saída do supermercado".

- Sobre a mesa é colocado várias cédulas e moedas (valores em reais). Realiza-se vários exercícios para resolução de problemas do cotidiano. Exemplo: Você levou R$50,00 e comprou 1 pacote (1k) de feijão, por R$ 6,50 e 1 pacote (1k) de arroz, por R$ 2,30 e filé de frango (1K) por 10,45. O total da compra foi de R$ 19,25. Quanto você recebeu de troco?
- Cada membro do grupo preenche a ficha do OGI relatando o uso que faz do seu dinheiro (pode escolher um exemplo).

Tarefa 3:

- Noções básicas de internet – orientar ou ensinar como ligar e desligar o computador, conta de e-mail, uso de ferramentas de busca (Google e outros), notícias e redes sociais;
- Cada membro do grupo preenche a ficha do OGI relatando o uso que faz ou o que faria da internet.

20° A 21° SESSÕES: AIVD - TAREFAS DE CASA - POSTAR CARTA NO CORREIO, CÁLCULOS SIMPLES, PALAVRAS CRUZADAS E CAÇA-PALAVRAS

Tarefa 1:

- Postar uma carta no correio - Cada membro do grupo recebe um envelope, selo e os dados para onde deve mandar a correspondência (serviço de TO). São orientados a postarem a correspondência, sendo o conteúdo de livre escolha de cada um.

Tarefa 2:

- Cálculos simples – Cada membro do grupo recebe exercícios de cálculos simples (porcentagens, soma, subtração e multiplicação) utilizados no cotidiano.

Tarefa 3:

- Palavras cruzadas e caça palavras – Cada membro do grupo recebe uma revista de palavras cruzadas (fácil) para realizarem as tarefas de livre escolha (passatempo).

Observações: Todos os membros do grupo preenchem a ficha do OGI relatando uma das tarefas acima apresentadas. As tarefas de casa são realizadas nos dias escolhidos pelos participantes do estudo e apresentados em uma sessão presencial. A carta é considerada tarefa comprida, quando recebida no Serviço de TO.

22° A 28° SESSÕES: AIVD – HÁBITOS SAUDÁVEIS, PREPARAÇÃO DE ALIMENTOS

Tarefa 1:

"Escolha um dia da semana para você descrever sua rotina diária de alimentação. Preencha a ficha do OGI descrevendo sua rotina alimentar (café da manhã até o jantar). Quais alimentos você costuma comer diariamente?"

- Cada membro relata sua rotina alimentar e discute-se a importância de hábitos saudáveis.

Tarefa 2:

- Preparação de um café ou chá: cada membro do grupo descreve na ficha do OGI como preparar um café ou

chá. Depois o grupo organizar-se para realizar a tarefa durante a sessão, separando os utensílios, ingredientes e arrumação do espaço no início e no final da tarefa;
- Preparação de uma lista de compras de supermercado para preparação de lanches, sucos e cafés. É considerado alimentos mais saudáveis (ex.: pão integral, produtos magros e sucos).

Tarefa 3:

- Fazer compras no supermercado. Todos os membros do grupo e o terapeuta realizam as compras de acordo com a lista de ingredientes preparada na sessão anterior. Escolhem os produtos (qualidade e quantidade) e realizam o pagamento no caixa do supermercado;
- Ao retornarem à sala de atendimento guardam todos os ingredientes em lugares apropriados (armários e geladeira).

Tarefa 4:

- Preparação de lanches, sucos e cafés. Cada membro do grupo escolhe uma tarefa para fazer. A tarefa se inicia com a organização da sala e a disposição dos materiais disponíveis (arrumar a mesa e preparação do que foi programado);
- No final da sessão, cada membro do grupo tem a tarefa de organizar o espaço físico (utensílios utilizados são lavados e guardados).

Tarefa 5:

- Cada membro do grupo deve preencher a ficha do OGI relatando o preparo de uma refeição (caso não saiba fazer, descrever como acha que é feito);

- Discute-se a ficha de cada membro e decide-se uma preparação de um almoço;
- Organiza-se uma lista de compras de supermercado.

Tarefa 6:

- Fazer compras no supermercado. Todos os membros do grupo e o terapeuta realizam as compras de acordo com a lista de ingredientes preparada na sessão anterior. Escolhem os produtos (qualidade e quantidade) e realizam o pagamento no caixa do supermercado;
- Ao retornarem à sala de atendimento guardam todos os ingredientes em lugares apropriados (armários e geladeira).

Tarefa 7:

- Preparação de um almoço. Cada membro do grupo escolhe uma tarefa para fazer. A tarefa se inicia com a organização da sala e a disposição dos materiais disponíveis (arrumar a mesa e preparação do que foi programado);
- No final da sessão, cada membro do grupo tem a tarefa de organizar o espaço físico (utensílios utilizados são lavados e guardados).

29° A 30° SESSÕES: AIVD E ATIVIDADES SOCIAIS

Tarefa 1:

- "Bate papo na cafeteria". A sessão é realizada em uma cafeteria próxima. Discute-se a importância de encontros sociais, de lazer e culturais;

- Cada membro do grupo utiliza o cardápio, escolhe o menu e faz o seu pedido;
- Discute-se o encerramento das sessões e é escolhido um passeio como última sessão.

Tarefa 2:

- Passeio (cultural, parques ou outros). É realizado o passeio programado da sessão anterior. Utiliza-se o metro ou ônibus como meio de transporte para essa atividade.
- O passeio é finalizado com uma discussão final sobre todo a intervenção realizada (30 sessões).
- Após o término das sessões, os participantes do grupo foram convocados e orientados para as reavaliações (psicopatológica, neuropsicológicas e funcionais).

O protocolo de atividades terapêuticas pode ser aplicado em grupos ou individualmente sem necessidade de seguir uma a mesma sequência. A escolha pode ser aleatória pelo paciente ou terapeuta. Qualquer atividade de livre escolha do paciente pode ser realizada, utilizando o método OGI.

CONSIDERAÇÕES FINAIS 7

Cabe ressaltar que o método OGI pode ser usado em atendimentos individuais, como em intervenções grupais. Em intervenções grupais, o uso do método pode ser aplicado em situações em que cada membro do grupo preenche e faz uso do diagrama individualmente, isto é, quando a dinâmica do grupo é individual (grupo de atividades), como por exemplo, em situações de divisão de tarefas ou em uma atividade grupal, que todos do grupo discutem e fazem o planejamento da meta em conjunto. O raciocínio clínico do terapeuta ocupacional é muito importante quanto ao uso do método OGI (Qual o momento? Em que atividade se encaixa?).

O método OGI possibilita que o indivíduo com dificuldades cognitivas, especificamente funções executivas, aprenda a planejar, organizar e criar estratégias para o seu adequado desempenho ocupacional diário. É de conhecimento do terapeuta ocupacional, que a disfunção executiva acarreta prejuízos funcionais relevantes na vida cotidiana e que o uso do método OGI possibilitará ao terapeuta ocupacional um arsenal terapêutico eficaz em sua prática clínica.

Os avanços da TO baseados em evidências e na neurociência vem crescendo ao longo dos anos no Brasil. Cada vez mais terapeutas ocupacionais buscam métodos e modelos teóricos específicos de TO para fortalecerem sua prática clínica.

No cenário da Reabilitação Neuropsicológica, o método OGI apresenta como resultado terapêutico um impacto importante para a melhora funcional, qualidade no desempenho ocupacional diário dos indivíduos acometidos pela disfunção executiva e, consequentemente, qualidade vida.

Ensaios clínicos com o uso do método OGI deve ser estudados e ampliados para outras populações, sejam elas neurológicas, psiquiátricas e outras áreas afins, para o fortalecimento deste importante método na vida cotidiana dos indivíduos.

REFERÊNCIAS

ABRISQUETA-GOMEZ, J. Fundamentos teóricos e modelos conceituais para prática da reabilitação neuropsicológica interdisciplinar. In: Abrisqueta-Gomez. *Reabilitação neuropsicológica: abordagem interdisciplinar e modelos conceituais na prática clínica*. Porto Alegre: Artmed; 2012. p.35-55.

AMERICAN OCCUPATIONAL THERAPY ASSOCIATION (AOTA). Occupational therapy practice. Framework: domain and process. 3. ed. *Am J Occup Ther*. 2014; 68(1):S1-S48.

COZENZA, R.M; FUENTES, D; MALLOY-DINIZ, L.F. A evolução das idéias sobrea relação entre cérebro, comportamento e cognição. In: Fuentes, D., Malloy-Diniz, L. F., Camargo, C. H. P., & Cosenza, R. M. (2008). *Neuropsicologia*: teoria e prática. Porto Alegre: Artmed. p. 15-19.

DIAS, E. G.; DUARTE, Y. A. O.; ALMEIDA, M. H. M.; LEBRÃO, M. L. Characterization of advanced activities of daily living (AADL): a review. *Rev Ter Ocup Univ São Paulo*. 2011;22(1):45-51.

GRIEVE, J.; GNANASEKARAN, L. *Neuropsicologia para terapeutas ocupacionais*. Cognição no desempenho ocupacional. 3.ed. São Paulo: Santos; 2010.

KATZ, N.; KEREN, N. Effectiveness of occupational goal intervention for clients with schizophrenia. Am J Occup Ther. 2011; 65(3):287-96.

DUNCAN, J. Attention, intelligence and the frontal lobes. In: GAZZANNIGA, M. S. (Eds). *The cognitive neurosciences*. Cambridge: Mit Press; 1995. p.721-34.

KHADIJAH, S., DARNI, D., & SULAIHAH, S. (2019). Analysis of Occupational Therapy In Schizophrenic Patients. *Jurnal Ners, 14(3si)*, 336-339. doi: <http://dx.doi.org/10.20473/jn>.v14i3(si).17178

LEVINE, B.; ROBERTSON, I. H.; CLARE, L.; CARTER, G.; HONG, J.; WILSON, B. A.; DUNCAN, J.; STUSS, D. T. Rehabilitation of executive functioning: an experimental-clinical validation of goal management training. J Int Neuropsychol Soc. 2000;6(3): 299-312.

LOUZÃ, M. R., KAYO, M., VIZZOTTO, A. D. B.; Ribeiro, D. C. M.; Oliveira, G. M. R.; Napolitano, I. C.; Gomes, M. L.; Elkis, H. Tratamento da esquizofrenia. In: MIGUEL, E. C, LAFER, B., ELKIS, H., FORLENZA, O. V. Clínica Psiquiátrica Vol III- A terapêutica psiquiátrica, ed. Manole, 2021. p.745-756.

LURIA, A. *Human brain and psychological process*. London: Harper & Row, 1966.

MATTOS, K. M. G., ALVES, A. L. A. Treino cognitivo para transtornos mentais graves. In: Rocca CCA, Pantano T, Serafim AP. 1.ed. Barueri- SP: Manole, 2020.

MELLO, P. C. H. Tradução e adaptação transcultural e validação do inventário das tarefas rotineiras – estendido (RTI- E) em idosos com doença de Alzheimer. [Dissertação de mestrado]. São Paulo: Faculdade de Medicina, Universidade de São Paulo, 2018.

NEUBERN, P. C. B. *Funcionalidade e função executiva em idosos saudáveis e portadores de demência na doença de Alzheimer: estudo de validação do Executive Function Performance Test – Br*. [Tese de doutorado]. São Paulo: Faculdade de Medicina, Universidade de São Paulo; 2018.

[OMS] ORGANIZAÇÃO MUNDIAL DA SAÚDE, CIF: Classificação Internacional de Funcionalidade, Incapacidade e

Saúde/[Centro Colaborador da Organização Mundial da Saúde para a Família de Classificações Internacionais em Português, og.; coordenação da tradução Cassia Maria Buchalla]. - 1 ed. 2. reimpr atual. - São Paulo: Editora da Universidade de São Paulo, 2015.

PANTANO, T.; VIZZOTTO, A. D. B.; ROCCA, C. C. A. Funções cognitivas fundamentais para a aprendizagem: processamentos auditivo e visual, atenção, memória, linguagem e funções executivas. In: Serafim AP, Rocca CCA, Gonçalves P (Orgs.). Intervenções Neuropsicológicas em Saúde Mental –1. ed.- Barueri [SP]: Manole, 2020. p.201-213.

ROSA, T. E., BENÍCIO, M. H.; LATORRE, M. do R., RAMOS, L. R. Fatores determinantes da capacidade funcional entre idosos. *Rev Saude Publica*. 2003;37(1):40-8.

REGEV. S; JOSMAN, N. Evaluation of executive functions and everyday life for people with severe mental illness: A systematic review. Schizophr Res Cogn. 2020 May 24;21: 100178. doi: 10.1016/j.scog.2020.100178. PMID: 32477891; PMCID: PMC7248676.

SOHLBERG, M. M.; MATEER, C.A. Controle dos Sintomas Disexecutivos. In: SOHLBERG, M. M.; MATEER, C.A. Reabilitação Cognitiva. Uma Abordagem Neuropsicológica Integrativa [tradução e revisão científica Maria Cecília Brandão, Santos Editora, 2009. p. 230-262.

VIZZOTTO, A. D. B. Estudo piloto randomizado e controlado para avaliar a eficácia da terapia ocupacional na reabilitação de funções executivas em pacientes com esquizofrenia refratária. 2013. Dissertação (Mestrado em Psiquiatria) - Faculdade de Medicina, Universidade de São Paulo, São Paulo, 2013. doi: <10.11606/D.5.2013.tde-13012014-141709>. Acesso em: 2021-03-23.

VIZZOTTO, A. D. B.; CELESTINO, D. L.; BUCHAIN, P. C.; OLIVEIRA, A. M.; OLIVEIRA, G. M.; DI SARNO, E. S., et al. A pilot randomized controlled trial of the Occupational Goal Intervention method for the improvement of executive functioning in patients with treatment-resistant schizophrenia. Psychiatry Res. 2016; 245:148-56.

VIZZOTTO, A. D. B. Estudo randomizado e controlado para avaliar a eficácia da terapia ocupacional na reabilitação de funções executivas em pacientes com esquizofrenia resistente ao tratamento. 2018. Tese (Doutorado em Psiquiatria) - Faculdade de Medicina, Universidade de São Paulo, São Paulo, 2018. doi:10.11606/T.5.2019.tde-20032019-161000. Acesso em: 2021-03-23.

VIZZOTTO, A. D. B.; MODELLI, A.; OLIVEIRA, G. M. R.; SETTI, V. P. C. Técnicas utilizadas com pacientes com diagnóstico de esquizofrenia. In: Serafim AP, Rocca CCA, Gonçalves P (Orgs.). Intervenções Neuropsicológicas em Saúde Mental –1. ed.- Barueri [SP]: Manole, 2020. p. 312-326.

VIZZOTTO, A. D. B. A reabilitação neuropsicológica na esquizofrenia. A reabilitação neuropsicológica e os modelos complementares. Reabilitação Neuropsicológica nos Transtornos Psiquiátricos: da teoria à prática. Belo Horizonte: Artesã; 2020. p.455-76.

VIZZOTTO, A. D. B.; CELESTINO, D.; BUCHAIN, P.; OLIVEIRA, A.; OLIVEIRA, G.; DI SARNO, E.; NAPOLITANO, I.; ELKIS, H. (2021). Occupational goal intervention method for the management of executive dysfunction in people with treatment-resistant schizophrenia: A randomized controlled trial. American Journal of Occupational Therapy, 75, 1–14. https://doi.org/10.5014/ajot.2021.043257

ANEXOS

ANEXO I – DIAGRAMA DO OGI

O anexo I é o diagrama do OGI que será apresentado ao paciente a cada sessão. Sugestão: para impressão e plastificação.

- **PARE E PENSE**
- **DEFINA A TAREFA PRINCIPAL**
- **PLANEJE AS ETAPAS**
- **EXECUTE A TAREFA**
- **VERIFIQUE E AVALIE OS RESULTADOS**

ANEXO II - FICHA DO OGI

O anexo II é a ficha do OGI que será apresentado para o paciente preencher sob orientação do terapeuta ocupacional.

PLANO DA ATIVIDADE – FICHA DO OGI

1ª. Parte – Pare e Pense

Meta do dia/semana/mês: _____

Vou conseguir a realizar a meta?

( ) totalmente   ( ) parcialmente   ( ) não vou conseguir

Acredito que a nota de meu desempenho será:

1 2 3 4 5 6 7 8 9 10

Comentários: _____
_____
_____

2ª Parte

A- Planeje.

As etapas da meta do dia são:

1. _____
2. _____
3. _____
4. _____
5. _____
6. _____

Tempo estimado para concluir meta: _____

Memorize as etapas

3ª Parte - Execute a tarefa

4ª Parte - Avalie seu desempenho

Alcancei minha meta do dia?

(　) totalmente　　(　) parcialmente　　(　) não realizei

O que eu fiz: _____

Dificuldades/problemas apresentados _____

O que eu gostaria de fazer diferente da próxima vez?

_____
_____
_____

OBSERVAÇÕES: _____
_____

Para impressão.

Construindo ideias e conectando mentes

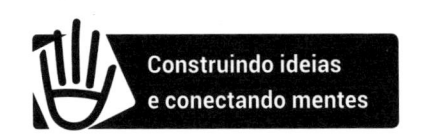

Este livro foi composto com tipografia Bembo Std
e impresso em papel Offset 90g/m²
na Gráfica Formato em agosto de 2021.